Un corps parfait

DU MÊME AUTEUR

Les Monologues du vagin, Denoël, 2005.

Eve Ensler

Un corps parfait

Adaptation de Michèle Fitoussi
Traduit de l'américain
par Béatrice Gartenberg

La représentation de l'œuvre est soumise à l'autorisation de l'auteur et de ses ayants droit. La demande doit être soumise avant le début des répétitions et toute représentation non autorisée fera l'objet de poursuites.

Titre original :
The Good Body

Éditeur original :
Villard Books/The Random House Publishing Group

© 2004, by Eve Ensler

Et pour la traduction française :
© Éditions Denoël, 2007

Cette traduction est publiée en accord avec Villard Books/
The Random House Publishing Group,
filiale de Random House, Inc.

Préface

Alors que la guerre fait rage en Irak, que la surenchère terroriste se poursuit, que les libertés civiques fondent aussi vite que la couche d'ozone, et qu'une femme sur trois dans le monde est battue ou violée au cours de sa vie, pourquoi diable écrire une pièce sur mon ventre ?

Peut-être tout simplement parce que mon ventre est quelque chose sur lequel j'ai l'impression d'avoir le dessus, ou peut-être parce que mon ventre est ce quelque chose sur lequel j'ai toujours vainement voulu avoir le dessus. Peut-être aussi parce que je distingue clairement comment mon ventre s'est transformé en obsession, et que je sais très bien comment les ventres, les fesses, les cuisses, les cheveux ou la peau des autres femmes les obnubilent, de sorte qu'il leur reste très peu d'espace mental pour penser à la guerre en Irak – ou à quoi que ce soit d'autre en fait. Récemment, au cours d'une étude menée auprès d'un groupe de femmes issues de milieux défavorisés et de groupes ethniques variés, les enquêteurs ont demandé aux participantes ce qu'elles changeraient prioritairement dans leurs existences si elles en avaient la possibilité ; elles ont en majorité répondu qu'elles souhaiteraient perdre du poids. Je crois que je peux m'identifier à ces femmes parce que j'ai moi-même intégré l'idée que si mon ventre était plat, alors je deviendrais quelqu'un de bien, et je serais en sécurité. Protégée. Je serais acceptée, admirée, importante, aimée. C'est peut-être parce que pendant presque toute ma vie je me suis sentie imparfaite, sale, coupable, méchante, et que mon ventre a été en quelque sorte le sac, la petite valise où toute cette haine de soi s'est réfugiée que j'en suis arrivée à penser ça. À moins que ce ne soit parce que mon ventre est devenu le sanctuaire de mon chagrin, de mes blessures d'enfance, de mes ambitions déçues, de ma rage contenue. Comme un petit tas de dynamite, mon ventre est le centre vers lequel convergent toutes les mèches explosives – l'impératif judéo-chrétien d'être bon ; le postulat patriarcal sur la discrétion des femmes et leur infériorité ; le diktat consumériste qui veut qu'on soit toujours meilleur, ce qui sous-entend que nous sommes nés imparfaits et méchants, et que devenir meilleur implique toujours de dépenser de l'argent, beaucoup d'argent. Peut-être aussi qu'un voyage au cœur de mon ventre et de la vie qui l'anime peut me permettre d'échapper à ces dangereuses contraintes : celles d'un monde qui se fragmente à toute allure en clans fondamentalistes, un monde où les petites phrases toutes faites et les platitudes manichéennes font loi.

Cette aventure a été différente de celle des *Monologues du vagin*. Je me faisais un sang d'encre pour les vagins quand j'ai commencé à écrire cette pièce. Je trouvais préoccupante la honte qu'ils inspiraient et je m'inquiétais de ce qui pouvait leur arriver, dans le secret de l'obscurité. Pendant que je parlais de vagins et à des vagins, les assauts de violence perpétrés contre les femmes et leurs vagins à travers le monde n'ont fait qu'accentuer mes craintes.

Il y avait aussi dans ce projet, bien sûr, quelque chose qui tenait de l'éloge du vagin. Plaisir, découverte, sexe, gémissements, pouvoir. Je crois que je m'imaginais qu'après m'être enfin retrouvée chez moi, dans mon vagin, je pourrais me détendre et vivre ma vie. Mais ça n'a pas été le cas. Ma haine de moi-même s'est simplement déplacée vers une autre partie de mon corps.

Un corps parfait s'ouvre sur moi et l'obsession particulière que j'alimente autour de mon ventre « imparfait ». J'ai cartographié cette haine de moi, je l'ai détaillée, j'ai essayé d'en découvrir la source ; ici, contrairement aux femmes des *Monologues du vagin*, je suis ma propre victime, mon propre bourreau. Bien sûr, les outils de mon autovictimisation étaient à portée de main. Le schéma d'un corps parfait m'a été inculqué dès la naissance. Mais quelles que soient les influences et les pressions culturelles, mon souci du gras, mon recours constant aux régimes, au sport et à la prise de tête ne tiennent qu'à moi. C'est *moi* qui choisis de lire ces magazines. C'est *moi* qui investis à fonds perdus dans cet idéal. C'est *moi* qui reste persuadée que les filles blondes et minces sont les meilleures. Mais au fond, ce qui est bien plus effrayant encore que tout ce narcissisme, c'est ce zèle à l'automutilation qui se propage et contamine le monde entier.

Je me suis rendue dans plus de quarante pays ces six dernières années. J'ai vu les ravages de ce poison rampant, insidieux ; ces crèmes à blanchir la peau qui se vendent plus vite que le dentifrice en Afrique et en Asie ; cette folie qui pousse certaines mères américaines à faire enlever les côtes flottantes à leur fillette de huit ans pour qu'elles n'aient pas à se préoccuper de leur ligne plus tard ; cette rigueur avec laquelle des petites New-Yorkaises de cinq ans pratiquent le yoga pour ne pas faire honte à leurs parents en ayant l'air pataudes ; toutes ces filles qui se font vomir et s'affament en Chine, sur les îles Fidji et à peu près partout ailleurs ; ces Coréennes qui décident d'ôter la touche asiatique de leur regard en se faisant débrider les yeux... Et la liste pourrait continuer à l'infini.

Voilà trois ans que je dialogue avec mon ventre. Je me suis immiscée dans ses replis – ce monde souterrain, humide, obscur – à la recherche des secrets qui s'y cachent. J'ai parlé à des femmes dans des centres de chirurgie esthétique à Beverly Hills et sur les plages sensuelles de Rio de Janeiro ; dans les clubs de gym de Mumbai, New York, Moscou ; dans les salons de coiffure bondés et fiévreux d'Istanbul, d'Afrique du Sud, de Rome. À de très rares exceptions près, toutes les femmes que j'ai rencontrées détestaient au moins une partie de leur corps. Il y avait toujours quelque détail qu'elles mouraient d'envie de changer et pour lequel elles disposaient d'une pharmacie entière de produits visant à le transformer ou le cacher ou l'amoindrir ou le redresser ou l'éclaircir. À peu près toutes les femmes sont persuadées que si elles pouvaient arranger cette partie d'elles-mêmes qu'elles détestent, tout le reste irait mieux. Il va sans dire que c'est un combat aussi douloureux qu'infini.

Certains des monologues d'*Un corps parfait* sont inspirés de dialogues avec des femmes connues comme Helen Gurley Brown. Ces monologues, tirés de conversations que j'ai eues avec ces femmes fascinantes, n'ont rien d'entretiens enregistrés : il s'agit plutôt d'une interprétation de la vie qu'elles m'ont contée. D'autres personnages sont inspirés de personnes réelles et d'histoires vraies. Beaucoup sont inventés.

Ma pièce est une prière, une tentative d'analyse des mécanismes de notre enfermement pour qu'enfin nous nous libérions et puissions passer davantage de temps à nous occuper du monde qu'à le fuir ; pour que nous puissions laisser la douleur du monde nous ronger plutôt que de laisser la consommation nous ronger afin de ne pas avoir à penser à cette douleur et cette souffrance. Cette pièce traduit mon espoir, mon désir, que nous refusions toutes un jour d'être des poupées Barbie, de perdre nos différences, quelles qu'elles soient : celle d'être une femme voluptueuse enveloppée dans un sari de soie, au visage parcouru de rides de caractère, doté d'un nez singulier, d'un teint olive ou d'une indomptable chevelure bouclée.

Je descends du tapis de course capitaliste. Je vais inspirer un grand coup et trouver le moyen de survivre sans être mince ou parfaite. Je vous invite à me rejoindre, à arrêter d'essayer d'être quoi que ce soit, qui que ce soit en dehors de vous-même. J'ai été bouleversée par ces femmes africaines, qui vivent si proches de la nature et ne comprennent pas ce que cela veut dire de ne pas aimer son corps. J'ai été transportée en Inde par ces femmes mûres qui encensaient leurs rondeurs. J'ai été inspirée par Marion Woodman, une fantastique psychanalyste jungienne, qui m'a insufflé la force de croire en ce que je sais. Elle m'a appris qu'« au lieu de nous transcender, nous devons nous mouvoir à l'intérieur de nous-même ».

Dites aux faiseurs d'images et aux vendeurs de magazines et aux chirurgiens esthétiques que vous n'avez pas peur. Que ce qui vous effraie c'est la mort de l'imagination, de l'originalité, de la métaphore, de la passion. Et enfin soyez téméraires, AIMEZ VOTRE CORPS, ARRÊTEZ D'ESSAYER DE LE RÉPARER. Car il n'a jamais été cassé.

TROIS PERSONNAGES
EVE
FEMME 1
FEMME 2

Quand j'étais petite, on me demandait souvent : « Ma chérie, tu veux devenir quoi plus tard ? »

Plus tard ? Plus tard ? Je ne sais pas moi… Heu… Une fille bien. Oui, c'est ça… Plus tard, je veux devenir une « fille bien ».

Une « fille bien » ? Vaste programme. Drôlement plus difficile que de devenir chirurgien, ou astronaute, ou même ministre. Tout ça, c'est facile, aujourd'hui, pour une femme. Il suffit de passer les plus belles années de sa vie à apprendre à disséquer des cadavres, à défier les lois de la pesanteur ou à parler couramment la langue de bois.

Mais « fille bien ». Ça s'apprend où, ça ? Certainement pas à l'école. Fille bien, c'est un truc abstrait. Impalpable. L'objectif me paraissait impossible à atteindre, mais c'était la seule chose qui me plaisait vraiment. Je me disais que si j'arrivais à devenir une fille bien, ma vie serait beaucoup plus cool. Je me trouverais toujours au bon endroit, au bon moment. Je serais populaire, tout le monde m'aimerait. Et à ma mort, j'irais tout droit au Paradis.

Le problème, c'est que, après toutes ces années, je ne sais toujours pas ce que ça veut dire, « être une fille bien ». Ni surtout comment on fait. C'est resté un gros mystère pour moi.

Prenez les années 50. À cette époque, les filles n'avaient pas trop le choix. Si elles n'étaient pas « bien », elles n'étaient « rien ». Et même moins que rien. Donc, les filles étaient obligées d'être bien. D'ailleurs, elles se ressemblaient toutes. De vraies petites bonnes femmes, permanentées, le sourire accroché aux lèvres, sexy comme des Barbie avec leurs gaines, leurs jarretelles, leurs talons aiguilles.

Leur but dans la vie, c'était de trouver un mari. Tout de suite après la noce, elles avaient l'air de femmes mariées. Elles ne bougeaient pas une oreille sans demander la permission à leurs maris. Limite si elles ne levaient pas le doigt, comme on leur avait appris à l'école. « Mon chéri, je peux aller aux... ? » Les filles bien étaient coincées. Elles gardaient toujours leurs jambes serrées l'une contre l'autre, même quand elles s'envoyaient en l'air.

Aujourd'hui, les filles bien bossent dans l'administration et dans l'humanitaire. Elles évitent de prendre leur bagnole en ville, elles trient les déchets, elles ne crient pas sur leurs enfants, elles ne trompent pas leurs maris. Ou alors elles s'arrangent pour que ça soit discret. Si elles divorcent, elles restent amies avec leurs ex. Dans leurs boîtes, elles ont des promotions tous les ans. Elles lisent des revues de déco, elles tiennent des blogs de cuisine. Elles se bousillent les pieds avec des talons trop hauts, sans se plaindre. Elles boivent du Coca light et refusent toujours le dessert. Elles sont toutes minces comme du papier à rouler. Je ne sais pas comment elles font mais elles se débrouillent pour rester « canons », même après soixante ans.

Et moi dans tout ça ? Moi ? Moi, je ne serai jamais une fille bien. Inutile d'insister. Je suis beaucoup trop rongée par le sentiment de ma propre nullité. Appelez ça comme vous voudrez : angoisse, désespoir, honte, culpabilité. J'y pense sans arrêt, partout où je me trouve. Plus j'avance en âge, plus je devrais gagner en lucidité et en sagesse et plus ce sentiment de nullité crasse m'envahit. J'ai l'impression qu'il se déplace sournoisement en moi comme un commando terroriste. C'est l'as du camouflage. Quand je crois qu'il a disparu, quand je suis un peu tranquille, pof, il réapparaît. Je suis flinguée pour la journée.

Pour toutes les femmes sans exception, et je sais de quoi je parle, ce sentiment de nullité se focalise toujours sur une partie du corps. Pour certaines c'est les cuisses, pour d'autres les fesses, les seins, les cheveux, le nez, les genoux.

J'ai voyagé dans le monde entier. Partout, c'est la même histoire. À Téhéran, les filles se font refaire le nez pour avoir l'air moins iraniennes. À Pékin, elles se font briser les jambes et allonger les tibias pour gagner deux ou trois centimètres. À New York, elles passent sur le billard pour rétrécir leurs pieds et rentrer dans leurs escarpins Manolo Blahnik.

Où que ce soit dans le monde, toutes les femmes que j'ai rencontrées détestent un endroit précis de leur corps. Elles fichent leur vie en l'air pour l'arranger, ou essayer de le faire disparaître, en volume, en longueur, en largeur, en hauteur. Elles ont des armoires à pharmacie bourrées de produits pour le transformer. Elles ont des placards entiers de fringues pour le dissimuler ou le mettre en valeur.

Moi, c'est le ventre. Je déteste mon ventre. Je ne comprends toujours pas pourquoi, mais c'est comme ça. Ça fait trente ans que je suis féministe, trente ans AUSSI que je suis obsédée par mon gros ventre. *(Elle désigne son ventre.)* Trente ans que je perds mon temps à essayer de l'éliminer.

Entre mon ventre et moi, c'est l'amour vache. On s'adore et on se hait. C'est mon bourreau, mais c'est aussi mon ami le plus fidèle. Impossible de m'en débarrasser : il est omniprésent. Il déborde de mes vêtements, il me fait douter de moi, de mes capacités à bosser, à aimer, à être moi-même. Il me pourrit la vie. Il m'obsède. C'est mon fardeau.

J'ai essayé de le calmer, de l'éduquer, de l'amadouer.

J'ai surtout tout essayé pour le faire disparaître.

EVE
ENTRÉE 1

Quand je serai mince, j'accepterai enfin mon corps, je le jure. Je chipoterai sur la nourriture comme font les autres filles. Fini les glaces, la chantilly, le chocolat, le saucisson, le camembert. Tout ça viré de la cuisine, banni des placards et du frigo. J'oublierai le mot pizza, j'effacerai de mon cerveau le goût des spaghettis à la carbonara, celui de la blanquette de veau. Au lieu de siroter du Château Margaux, je me finirai au jus de pruneau.

J'aurai toujours faim en sortant de table. Je me contrôlerai suffisamment pour ne pas me sentir pleine. J'adorerai sentir tout ce vide dans mon ventre. À force de jeûner, je frôlerai la sainteté.

Alors, je prierai toute la journée, avec mon auréole d'affamée au-dessus de la tête. Mon Dieu, laissez-moi avoir faim. Oh, laissez-moi mourir de faim.

EVE
ENTRÉE 2

Le pain, c'est le Diable. Satan et sa baguette maudite. J'ai tout balancé pour ne plus être tentée. Je ne laisse plus passer une miette. À cause de moi, les boulangers sont dans le pétrin, les mitrons dépriment. La seule chose que je m'autorise, et encore, seulement les jours de fête, ce sont les crackers. Les crackers, c'est comme le Canada Dry. Ils ont le goût du pain, la couleur du pain, mais c'est pas du pain. Juste une idée de pain.

La semaine dernière, une copine, une de ces actrices anorexiques, deux mètres de haut pour trente-cinq kilos — vous voyez le genre —, me dit : « Eve, c'est pas en t'épuisant en régimes que tu vas le faire disparaître ton gros ventre » « Quoi ? » je lui dis. « Change de vie », elle me dit. « Toi, je sais ce qu'il te faut », elle ajoute. « Une bonne giclée de testostérone. »

J'ai imaginé à quoi je pourrais bien ressembler, accro au régime sans pain et shootée à la testostérone. Je sais pas pourquoi, j'ai tout de suite pensé à une serial-killeuse.

EVE
ENTRÉE 3

Vous avez déjà regardé le téléachat ? Moi c'est tout ce que j'aime. Je m'installe dans mon lit, devant la télé, une boîte de chocolats à côté de moi. Je plonge la main dans la boîte, je sors un chocolat, je le bouffe, je plonge la main, je bouffe. Je plonge, je bouffe, je plonge, je bouffe… J'aimerais bien acheter leur nouveau modèle de rameur, mais franchement, au standard, ils vous répondent trop mal. Peut-être bien qu'ils crèvent la dalle, eux aussi.

Ce type, là, oui, celui qui fait les interviews. Il a demandé à une tripotée de blondes, maigres comme des allumettes au régime, si elles préféraient ramer ou s'affamer. On aurait dit un chœur de vierges. « Ramer, ramer, ramer », elles ont toutes glapi, en montrant leurs petits ventres plats, plats, plats. Je les hais.

Bon… Je me suis dit que je devais me

prendre en main. Ou plutôt prendre mon courage à deux mains. Alors j'ai engagé Benoît.

Benoît ? C'est mon coach. Il est haltéro tendance sado. Il me fait immédiatement soulever des poids. Des poids lourds. Très très très lourds. De plus en plus lourds.

La mauvaise nouvelle, c'est que j'ai des courbatures partout.

La bonne nouvelle, c'est que j'en ai tellement que je n'arrive même plus à pencher la tête. Du coup je ne peux plus regarder mon gros ventre avec dégoût.

EVE
ENTRÉE 4

C'était une journée idéale pour se balader dans New York. Il faisait beau. Le ciel était d'un bleu si pur qu'il semblait transparent. Je me sentais légère.

Et puis je l'ai vue.

La Blondasse.

Cette fille qui exhibe ses seins en obus et son ventre de limande anorexique sur la couverture du dernier numéro de *Cosmo*.

Où que j'aille, je la vois. Je ne peux pas y échapper. On dirait qu'elle me suit. En plus elle me sourit, cette conne. D'accord, elle sourit au monde entier. Mais moi, c'est spécial. Elle me nargue, je le sais. Cette fille incarne peut-être le rêve américain, mais moi, elle est mon pire cauchemar. Je soupçonne les patrons de presse de l'avoir inventée pour qu'elle infiltre la planète, s'insinue dans notre culture, dans nos pensées, dans nos névroses, comme une arme biochimique. Ils l'ont dupliquée exprès à des milliers d'exemplaires, dans le monde entier, sur toutes les couvertures de magazines. Ma mère m'a filé le virus en me donnant le sein. Je sais que je suis contaminée mais j'ignore la gravité de mon état...

Pourquoi j'achète ces magazines ? Parce que je veux être une fille bien. Et pour ça, il faut que je devienne un sac d'os, comme la blonde. Il faut qu'elle m'apprenne comment elle fait. Quoique... Je ne suis pas vraiment sûre d'y arriver. Avec tout ce qui est entré dans mon ventre depuis tant d'années.

Regardez-moi ça : des dizaines de pains au chocolat bien chauds. Et ça encore : des kilomètres de pizzas au jambon, des armées de Big Mac débordants de mayonnaise, des rayons de paninis dégoulinants de fromage, des tonnes de frites bien huileuses, des litres de glace à la chantilly, des rayons entiers de petits gâteaux…

J'ai tout ça dans le ventre, moi ? Ouais, on dirait bien. Ça sort de partout en tout cas. Et ça ne veut pas s'arrêter. Je suis tellement lourde que j'ai l'impression d'être un morceau de ciment. Mon ventre c'est l'Amérique. Je n'y comprends plus rien. Maigrir ? Grossir ? S'affamer ? S'empiffrer ? Il y a là un truc qui m'échappe. Si je pouvais trouver la femme qui a inventé la Blondasse Anorexique, peut-être que je réussirais à percer son secret.

HELEN GURLEY BROWN

Créatrice et directrice
de la rédaction de *Cosmo*

Eve se dirige vers le fond de la scène où se trouve la Femme 1, Helen Gurley, et la Femme 2 qui joue le rôle de l'assistante d'Helen.

FEMME 1
HELEN GURLEY BROWN

Eve, viens par ici, mon chou. Comment tu la trouves ? *(Elle désigne la Femme 2, un mannequin qui s'apprête à poser.)* C'est la couverture du numéro de Noël. Il faut absolument que ce soit gai, festif, que ça donne envie de claquer du blé. Que ça ait l'air d'une party de fin d'année, quoi… *(Elle commence une série d'abdos.)* Ne fais pas attention. Je peux faire plein de trucs à la fois. À chaque séance de photos, je me fais mes cent abdos. Neuf, dix, onze, douze… et voilà cent.

J'ai quatre-vingts balais. Et je me fais mes cent abdos deux fois par jour. Je ne pèse que quarante kilos. Dans dix ans, je ne pèserai plus rien. Une plume. Je ne vais pas me sentir plus belle pour autant. C'est pas grave, j'accepte. Je m'accepte comme je suis. Moche. Ça m'aura au moins servi à me discipliner. Et à réussir.

J'ai créé *Cosmo*. Grâce à ce journal, j'ai pu satisfaire tous les fantasmes des femmes, partout dans le monde. Enfin, presque partout.

Grâce à *Cosmo*, j'ai pu les aider toutes. Les belles, les laides, les tordues, les complexées. Toutes, je te dis. Sauf moi. Quelle ironie. Approche-toi, Eve, je ne mords pas. Et si on se faisait une petite douceur. ? *(À la Femme 2.)* Je t'ai proposé quelque chose à toi ? Bon allez, d'accord, tu peux en avoir un, mais un petit alors…

(Elle ouvre une barre énergétique aux céréales.) Tu as vu ? C'est ma nouvelle drogue. Zéro calories. De l'énergie pure. C'est à peu

près le seul truc que je sache cuisiner. J'ai pas reçu le gène du cordon-bleu à la naissance.

Ma mère m'a jamais regardée. Y'avait que mon acné qui l'intéressait. Pendant cinq ans, elle m'a emmenée chez le médecin, deux fois par semaine. Un vrai sadique, ce mec. Il me triturait le visage dans tous les sens. Et vas-y que je te charcute, vas-y que je te presse tes boutons. Pour finir, j'avais droit aux rayons X pour brûler ma peau en profondeur. J'aurais pu le buter.

En sortant de chez lui, on faisait un tour en voiture. Ma mère pleurait, je pleurais aussi.

« Comment est-ce que je peux être heureuse, Helen ? », elle me disait. « Ton père est mort. Ta sœur a eu la polio, elle ne quitte pas sa chaise roulante. Et toi, ma petite Helen, tu as de l'acné… »

Quand j'avais dix ans, ma copine Elizabeth est tombée de l'arbre où elle se balançait. Tout le monde s'est précipité pour la consoler. J'ai raconté ça à ma mère. Tu sais ce qu'elle m'a répondu ? « C'est normal. Elizabeth est jolie. Les gens se mettent tous en quatre pour les jolies filles. » *(Elle s'adresse à la Femme 2.)* Pas vrai, ma biche ? Va falloir utiliser tes neurones, toi aussi.

(Elle se remet aux abdos.) Touche à rien, Eve, te fais rien refaire. *(Elle arrête les abdos.)* Si tu touches à ton visage, y'aura toujours un autre truc qui va se déglinguer. À quarante ans, je me suis fait refaire les paupières. J'ai cru que ça suffirait. Tu parles. J'ai remis ça à cinquante-six ans. À soixante-trois ans, premier lifting. Le second, à soixante-sept ans. Le troisième, à soixante-treize ans. Il m'en faudrait absolument un autre mais j'ai plus assez de peau sur le visage. Hier, on a prélevé de la graisse de mes fesses pour l'injecter dans mes joues. Ils appellent ça un lipofilling. Je recycle mes déchets, comme ça rien ne se perd. Mon psy pense que je fais tout ça pour ma mère, Cléo, morte il y a vingt ans. Tu crois vraiment que je me tue encore à faire tout ça pour elle ?

J'ai pas de fille. Si j'en avais une, je passerais mon temps à lui dire qu'elle est sublime.

Et si elle me disait « Helen »... Non, non, elle dirait pas « Helen », ça c'est bon pour mon assistante ». Si elle me demandait, « Dis donc, maman, tu me trouves comment ? Aussi jolie que Scarlett Johansson ? », je serais bien obligée de tricher. Je dirais : « Tu n'es pas une beauté classique, c'est vrai, mais dans ton genre, tu es canon, ma chérie. »

Eve, je dois absolument continuer à m'entraîner. La seule chose que je pratique sans effort encore à mon âge, c'est le sexe. Quand je baise, je suis dans mon élément. Une petite sirène dans les flots. Mon mari et moi, on vient d'avoir une semaine de folie, on a baisé deux jours d'affilée. Pas mal pour quatre-vingts balais, non ? Mon mari à une pêche d'enfer, il a toujours été comme ça.

Le plus dingue c'est qu'il pense que je suis sublime. Mais lui, ça ne compte pas. Il m'aime.

EVE
ENTRÉE 5

Bon, c'était pas une trop mauvaise idée de la rencontrer finalement... Merci, Helen.

Je me sens quand même super déprimée. Quand je pense qu'Helen ne connaît même pas le sens de ce mot. Elle est trop forte.

Mais qu'est-ce que je veux au juste ? Un autre pain au chocolat, bien dégoulinant de beurre ? C'est exactement ça.

J'ai rencontré une copine dans la rue. Elle a pointé le doigt sur mon gros ventre et elle demande d'une voix bizarrement enthousiaste. « Félicitations, Eve ! C'est un garçon ? »

(Eve sur le tapis de course.)
C'est comme au Monopoly.

Je vais tout droit à la gym.

Je ne passe pas par la case boulangerie, je saute l'immeuble Häagen Dazs, je zappe le traiteur chinois.

Je m'enchaîne au tapis de course.

Quatre heures, six heures. Les gens sont furax, ils attendent leur tour. Je m'en fous.

Je cours.

Je me fais une IVG sauvage, une Interruption Volontaire de Graisse.

Mon gros ventre est à moi. Une femme a bien le droit de choisir son poids.

FEMME 1
BENOÎT

(Elle lance une balle.)
Allez, brûle-moi tout ça, poulette. Vas-y, fonce.

EVE

(Elle fait des abdos.)
Cent vingt abdos, deux fois par jour.
J'ai l'impression d'être un soldat.
(Les bras en l'air.)

La douleur, c'est la faiblesse qui quitte le corps.

La douleur, c'est la faiblesse qui quitte le corps.

Je me sens comme une merde. Comment font les autres ? Et d'abord, pourquoi est-ce qu'elles le font, hein ? Comment fait Helen ? Elle a quatre-vingts balais. Elle a bâti un empire, elle pourrait tricher.

Ça fait seulement six semaines que j'ai ce coach, et j'en ai déjà ma claque.

Je vais engager une équipe de soigneurs. Je vais me payer une thalasso. Un centre de remise en forme. Pourquoi pas ? On va m'envelopper dans de la boue d'algues chaude pour me faire maigrir.

Coucou, je suis prête. Exfoliez-moi, Benoît.

MAMA

Adolescente d'origine africaine

La Femme 2 joue Mama. La Femme 1 joue Salope Anorexique, qui mange et nargue Mama en rigolant, tout en s'éloignant d'elle peu à peu. Ce qui met la jeune fille de plus en plus mal à l'aise.

FEMME 2
MAMA

Eve, ici c'est pas un spa. C'est pas un centre de remise en forme. C'est juste un endroit où on soigne les meufs qui bouffent trop ou trop pas. Un genre de camp de concentration diététique. Tu t'es gourée d'endroit, ma vieille... Et maintenant tu l'as dans l'os.

Je crève la dalle. Elles sont où les chips ?

Hier soir, ils ont coincé une meuf dans mon dortoir. Elle avait planqué des fraises tagada dans la tête de son nounours. Elle lui a cassé le cou. Impossible de le réparer. Quelle pétasse. Elle mérite de crever la dalle. *(Elle regarde Eve.)*

Tu peux me dire qui a dit aux Salopes Anorexiques de venir ici ? Les Salopes Anorexiques, elles ont rien à foutre ici... À cause d'elles, on a l'air encore plus grosses. Les Salopes Anorexiques me rendent dingo. Elles ne méritent pas d'être maigres. Elles n'ont aucune personnalité, ce sont juste des Salopes Anorexiques. Elles essayent toujours de nous faire pitié mais elles sont nulles. Tu crois que je vais avoir pitié d'une Salope qui peut se faire une minirobe avec la manche de mon tee-shirt ?

(Elle imite une SA.)

« Regarde, tu trouves que ça me grossit ? Regarde-moi bien. Réponds-moi franchement : ça me grossit ou pas ? »

Ces sales putes, j'aimerais bien tordre leurs cous de poulet. Elles se plaignent quand elles ont pris cent grammes, alors que moi, faudrait un treuil pour soulever ma graisse.

C'est dégueulasse d'être une grosse. Y'a rien de plus immonde. Quand je rentre chez H & M, les grandes tailles sont toujours au fond, genre cachées, comme si c'était des DVD pornos. Quand j'essaye un truc, c'est pire encore : j'ai l'impression d'être une grosse pute. En plus, je sais pas pourquoi, le panneau GRANDES TAILLES est toujours écrit en énorme. J'suis grosse, j'suis pas aveugle...

Les Salopes Anorexiques n'ont rien à faire pour draguer. Aucun effort. Elles sont maigres et ça suffit. Alors que les grosses doivent en faire des tonnes. Elles doivent être les plus marrantes. Elles doivent être les meilleures suceuses. On se donne dix fois plus de mal pour garder nos mecs. Les grosses avalent toujours.

Tu sais, Eve, hier soir, quand les monos sont allés se pieuter, mes copines et moi, on s'est éclatées toute la nuit. On a viré nos maillots et on s'est baignées à poil, dans la piscine. On a sauté du plongeoir et on a fait des vagues énormes. Les transats ont fini dans la flotte. C'était trop bien. On a **fait** un ballet nautique, un genre le *Lac des gros culs de cygnes*. On battait toutes des jambes en tendant nos orteils dodus. Je te jure, tu nous aurais kiffées, on était bien plus belles que dans ces putains de maillots trop étroits, imaginés pour des Salopes Anorexiques. On était comme la lune : bien rondes, bien brillantes. Des stars, quoi. *(Un silence.)*

Les Salopes Anorexiques sont revenues bouffer. Elles se jettent sur leur yaourt à 0 % et leur demi-grain de riz. Je sais pas pourquoi je suis grosse, Eve. J'suis une bonne grosse. J'aime bouffer. Je kiffe la bouffe. *(Un silence.)* Ma mère me manque trop. Je me sens pas grosse quand je suis avec elle. J'ai trop envie d'un bon petit plat préparé par ma maman, un bon poulet mafé, avec du riz et de la sauce, ma petite maman chérie et son bon gros cul rassurant.

Les grosses sont trop gentilles, tu ne trouves pas, Eve ? Franchement, on mérite toutes d'être des Salopes Anorexiques.

EVE
ENTRÉE 6

Je me suis fait virer du camp diététique parce que j'ai partagé mes barres énergétiques avec Mama. Pour la police du camp, elle est mineure. Une mineure n'a pas le droit de décider ce qu'elle doit manger.

J'envie cette petite Mama. Elle est cool. Elle ne se gêne pas pour exprimer sa faim et sa colère. Ses parents l'adorent quoi qu'elle fasse. Elle aime son corps. Elle aime bouffer. Elle aime le pain.

(La Femme 1 joue la mère et la Femme 2 joue le père. Ils sont à table.)

Mon père détestait le pain. Il disait qu'il n'y avait que les porcs qui mangeaient du pain, que le pain c'était juste bon pour les porcs. Manger du pain, ça voulait dire qu'on avait faim. Et dans son milieu, montrer qu'on avait faim, c'était grossier, ça traduisait un manque de classe et d'éducation.

Pendant toute mon enfance, j'ai vu mon père faire semblant de manger. Il ne paraissait jamais intéressé par ce qu'il y avait dans son assiette. Il jouait avec la nourriture. Il reposait sa fourchette entre chaque minuscule bouchée, suffisamment longtemps pour que les aliments refroidissent ou ne ressemblent plus à rien. C'est exactement la façon dont les filles s'affament, je le sais. Je me suis mise à avoir peur de la nourriture. Si j'avais pu ne rien bouffer, devenir inexistante et vivre quand même, je l'aurais fait.

Tous les hommes de ma vie adoraient le pain. Ils le rapportaient à la maison avec le journal. Ils le rapportaient au foyer, parce que, sans pain, il n'y a pas de foyer. Au début, les hommes de ma vie n'achetaient pas de pain. Ils attendaient de voir si j'allais le faire. et puis comme je me débrouillais toujours pour l'oublier, rapporter le pain devenait leur façon de mettre la main à la pâte.

Mon fiancé adore les pitas. Il les réchauffe sur les flammes de la cuisinière et les retourne à toute vitesse pour ne pas se brûler les mains. Ça sent toujours le pain chaud à la maison. Cette odeur me rend triste et me rassure à la fois.

Mon fiancé adore manger. Il mange de tout, tout le temps. Il utilise rarement sa fourchette. Il sait cuisiner. C'est un artiste. Il jongle avec les couleurs, les épices. Les rouges, les jaunes, les verts. Il m'a séduite en m'apprenant que la beauté pouvait se manger. Il m'a séduite en m'apprenant à vivre.

Mon père ressemblait à Cary Grant. Ma mère à Catherine Deneuve. Moi, j'étais le sosie d'Anne Frank. Ma mère n'élevait jamais la voix. J'essayais de ne jamais faire de bruit, là-haut, dans mon grenier. Ma mère était blonde et rayonnante.

Dans sa portée de petits chiots blondinets, j'étais le vilain bâtard poilu et tout noir. Beurk ! Comment a-t-il fait pour entrer celui-là ?

Ma mère aurait essayé n'importe quoi pour me laver de mes tares. Pour que je la boucle, pour que je rentre dans le rang, elle me faisait des lavements et des permanentes. Elle nettoyait par un bout et frisait par l'autre. Quand j'ouvrais ma gueule pour me plaindre, elle me traitait de Sarah Bernhardt.

Je n'avais aucune idée de qui cette Sarah pouvait bien être mais une chose était sûre : elle était juive et dans une merde noire.

NAWEL

Beurette de Clichy-sous-Bois

FEMME 2
NAWEL

Chez nous les Maghrébins, on aime bien les gros culs. Enfin, surtout ma grand-mère. Elle a rembourré le sien avec du couscous et des gâteaux au miel. Elle était tellement grosse à la fin de sa vie qu'elle pouvait plus bouger de son fauteuil. Quand on allait la voir au bled, pendant les vacances, elle nous impressionnait, on aurait dit une tour. Moi, c'est pas tellement mieux. Pourtant j'ai essayé tous les régimes de la terre. Mais le pire, c'est pas le ventre, c'est pas le cul, c'est pas les hanches. Le pire, c'est la culotte de cheval. *(Elle désigne ses cuisses.)* Cette grosse cellulite molle, granuleuse comme une peau d'orange, qui tremble comme la gelée dans le bouillon. La cellulite c'est un alien, un truc qui pousse en toi et qui déborde, même si tu veux pas. Quand un mec y voit ta culotte de cheval, c'est comme s'il voyait sa mère. C'est comme s'il voyait de la graine attachée au fond d'un vieux couscoussier, comme s'il sentait les odeurs de cuisine. Comme s'il entendait ses parents se disputer devant les petits frères scotchés à la télé achetée à crédit, avec le son au max, et les voisins qui tapent au plafond.

Après la naissance du premier bébé, faut vraiment bosser dur, pour empêcher la cellulite de s'étaler. C'est pareil que l'huile d'olive qui se renverse. Si tu remets pas la bouteille droite, elle va se répandre autour et tout salir. Ma mère, elle a eu huit gosses et elle est restée belle et mince. Elle était canon quand elle a épousé mon père. Tous les mecs en étaient fous au bled. C'était une brune atomique, le teint mat, les seins parfaits, le ventre plat, le châssis d'une déesse. Quand on sortait avec elle, on était drôlement fiers, même si mon père et mes frères pouvaient pas s'empêcher d'être jaloux. Moi, j'étais la petite dernière, à la traîne derrière mes frères, grosse et moche, ça, elle arrêtait pas de me le répéter. Déjà, quand j'étais toute gamine, elle me traînait devant l'armoire à glace de sa chambre et elle enfonçait le doigt dans mes cuisses d'enfant avec dégoût, comme si elle le trempait dans de la gélatine. Elle arrêtait pas de se lamenter, comme si j'étais un truc avarié, une vieille marchandise bonne pour les soldes.

FEMME 1
LA MÈRE DE NAWEL

Nawel, meskina. Quelle horreur, tu as la culotte. Ma pauvre chérie, il faut que tu fasses des efforts pour maigrir, sinon qui voudra de toi ? Tu trouveras jamais à te marier.

FEMME 2
NAWEL

J'avais tellement la honte que je m'habillais toujours pareil. Des survêtements, des pantalons larges, des grandes tuniques. Jamais un truc court ni sexy. Ça tombait bien, remarque, mes frères m'auraient cassé la figure. Et à la maison j'étais toujours en djellaba. Et, en douce, je m'entraînais à m'asseoir sur le bidet pour voir ce que ça donnerait le jour où j'aurais un mec. Mais rien à faire. Quelle que soit la position, à califourchon ou en amazone, le cheval montrait toujours sa culotte. Pas moyen de le faire rentrer à l'écurie. Je pouvais pas serrer les cuisses comme toi tu rentres ton ventre, Eve, c'était pas possible... Alors j'ai décidé de tricher. La nuit j'imaginais des tas de positions où on verrait pas ma graisse. Y'en a certaines qui cachent bien leur jeu, par exemple si tu bouges pas trop, ou si tu te débrouilles pour être vue sous un angle particulier. L'idée, c'est de planquer tout ça dans l'obscurité.

J'avais aussi pensé à un truc super-efficace, je vais te montrer. Faut s'allonger bien à plat. Ça s'appelle la Sans-Culotte. Tu te soulèves et tu serres fort, tu te soulèves et tu serres... En même temps, ça fait les abdos. Après tu bouges plus, tu fais la morte, sinon ça s'étale encore plus. J'ai essayé la Sans-Culotte la première fois que je suis allée avec un mec. Déjà que j'étais pas trop rassurée, si ma mère apprenait et tout, j'allais me faire massacrer, sans parler de mes frères.

En plus de ça, j'arrêtais pas de penser à ma cellulite. Au bout d'un moment, j'ai plus pensé à rien d'autre qu'à ça. Comment me débrouiller pour qu'il ne la voie pas. Au début, ça allait, on était dans le noir et tout, il voyait que dalle. Et puis, tout à coup, il s'est excité comme un fou et il m'a empoigné les cuisses, comme ça, comme si c'était deux beignets bien dégoulinants. J'ai hurlé. Il a cru que c'était parce que j'étais vierge. Mais non, c'était pire que ça. Je me fichais bien de ma mère ou de mes frères à ce moment-là. Ils auraient pu me tuer, je m'en fichais pas mal. Tout ce que je voyais, c'était ma cellulite qui dégoulinait dans ses mains.

J'étais sûre qu'il allait me plaquer ensuite. Ma mère m'avait prévenue. Les hommes, ils aiment pas les filles faciles. Moi, je crois surtout qu'ils aiment pas les boudins. Ma mère, elle plaisait aux hommes. Ça rendait mon père complètement fou. Il voulait pas qu'elle sorte, il était trop jaloux. Quand il est mort, mes frères ont pris le relais. Mais elle a toujours fait ce qu'elle a voulu. Un sacré caractère, ma mère. Et puis elle a commencé à maigrir. Au début, on savait pas ce que c'était. Un cancer du sein, il a dit le toubib. Vous en avez pour six mois maximum. Faut croire qu'elle avait nourri trop de gosses. On avait dû être voraces, la bousiller de l'intérieur. Plus elle fondait et plus ma graisse s'étalait. J'arrêtais pas de grossir, j'avais tellement la honte que je bougeais plus de chez moi.

Et puis ma mère est morte. Au début, j'ai rien ressenti. Mais en revenant du cimetière de Bagnolet où elle a été enterrée, loin du bled où elle aurait tellement aimé dormir pour toujours, à côté de sa mère, je sais pas pourquoi, j'ai commencé à hurler dans l'autobus, à hurler comme une folle, à hurler comme j'avais jamais hurlé de toute ma vie.

Pendant toutes ces années, j'ai essayé d'être jolie pour toi maman, je voulais être une fille bien pour que tu m'aimes. Pourquoi tu m'as jamais regardée ? Pourquoi tu m'aimais pas comme je voulais ? Et maintenant, tu n'es plus là.

J'ai fait du vélo sept heures par jour pendant des semaines, en chialant sans pouvoir m'arrêter. J'ai nagé des heures entières à la piscine et en sortant de l'eau j'ai laissé mes cheveux sécher à l'air, sans brushing. Ils sont redevenus frisés. Je me suis plus maquillée, j'ai arrêté les régimes, je me fichais bien de ce à quoi je ressemblais. C'est alors qu'il s'est passé ce truc bizarre. On aurait dit que mon corps avait atteint une autre galaxie. Ma cellulite a commencé à fondre comme une glace au soleil. J'ai perdu un kilo, puis un autre, et encore un autre. C'est comme si j'avais porté ma mère dans mon ventre et que je lui avais redonné la vie. Quand elle est morte, j'ai accouché d'elle.

Ça m'a fichu une de ces trouilles, Eve. Et si elle revenait ? *(Eve se lève et s'en va.)*

EVE
ENTRÉE 7

J'ai un plan d'enfer pour maigrir : je vais tuer ma mère. Non, je plaisante. Quoique…

Je veux pas tuer ma mère. Juste arrêter de la faire flipper. Peut-être qu'elle m'aurait mieux supportée si j'avais été, disons, moins lourde.

Vous connaissez Rio ? C'est la capitale de la lipo. J'adore me balader à Ipanema, le long de la plage. Les filles ici, c'est dingue. On dirait qu'elles sont nées minces et bronzées. On leur a juste tatoué leur string sur la peau. Alors que moi je suis née blafarde, grosse et molle. Pas de bol.

J'ai rendez-vous avec une super top model. Enfin, c'est les producteurs de ma pièce qui veulent la rencontrer. Ils m'ont demandé de les accompagner. Je ne sais pas pourquoi, je me suis imaginé qu'on allait la surprendre en pleine séance photos. En fait, c'est au milieu d'une opération chirurgicale qu'on a débarqué.

Dans la pièce, il y avait un chirurgien. Le bas du visage dissimulé sous un masque stérile, il actionnait deux tiges d'acier plantées dans les cuisses de la fille. Il enfonçait, il aspirait, il enfonçait, il aspirait, il enfonçait, il aspirait, il transpirait aussi... La graisse dégoulinait dans un seau placé au pied du lit. Ça puait le vieux gras rance. Et soudain, j'ai éprouvé une immense affection pour mon gros ventre.

TIFFANY

Trente-cinq ans, top model

(La Femme 1 joue Tiffany, la Femme 2 joue Lolo, son mari.)

FEMME 1
TIFFANY

Approche, Eve. Tout va bien. T'inquiète pas. J'ai l'habitude, je fais ça tout le temps. Ça fait un peu mal mais bon, c'est pas un drame. Tu sais, y'a des gens qui racontent que leur vie a été transformée parce qu'ils ont rencontré quelqu'un, mais ils ne savent pas très bien ce qu'ils disent. Enfin, ils n'emploient pas le mot « transformer » au vrai sens du terme. Moi si. C'est mon chirurgien qui m'a transformée physiquement, avec ses mains, avec ses instruments, avec l'idée qu'il se faisait de ma beauté future. Je n'ai plus rien à voir avec l'ancienne Moi.

Au départ, je suis allée le consulter parce qu'un autre toubib avait carrément foutu en l'air mes implants mammaires. Mon sein gauche était flapi, vraiment bizarre, comme un vieux ballon tout dégonflé. Lolo, c'est mon chirurgien, il s'appelle Laurent en vrai, mais moi je dis Lolo parce que c'est lui LE spécialiste des seins. Y'a pas mieux au monde. En plus, il a l'air d'un nichon lui-même, il est petit, chauve, son crâne est rose et velouté, avec un grain de beauté planté sur le sommet comme un mini-mamelon.

Donc Lolo a été horrifié du saccage causé par l'autre médecin, on aurait même dit qu'il m'en voulait un peu. Comme si je négligeais mon corps, comme si je ne me consacrais pas à en faire le plus beau, le plus parfait de tous les corps, ce qu'il aurait dû être selon lui. Et donc mon corps est devenu sa mission. Sa cause sur la terre.

Je n'aurais jamais imaginé, même dans mes rêves les plus fous, être la perfection faite femme. Avant, j'aimais bien le vin. Il m'arrivait d'en boire un ou deux verres de trop. J'aimais bien faire la grasse matinée. Je ne lavais pas mes cheveux tous les jours.

Mon Lolo a mis de l'ordre dans ma vie. Il est très strict.

Quand j'ai émergé après ma première opération, il était penché sur moi, très excité. Il avait pris une photo grandeur nature de mon corps nu. Je me suis sentie un peu gênée. C'est vrai, quoi, je suis timide, et puis je ne le connaissais pas vraiment. Il avait marqué tout mon corps à gros traits de feutre rouge, comme ceux qu'une instit laisse sur une dictée de CM2.

J'étais encore groggy mais l'enthousiasme de mon Lolo m'a convaincue.

FEMME 2
LOLO

Votre corps est une mappemonde, mademoiselle. Ces marques rouges sur votre peau localisent les endroits qui ont besoin d'être retouchés pour devenir encore plus sublimes qu'avant.

FEMME 1
TIFFANY

Ça, c'était il y a six ans. Aujourd'hui, je suis la créature de Lolo. Je me suis fait liposucer le ventre, les fesses, les cuisses. J'ai de nouveaux implants mammaires en soja qui ne durcissent pas et sont tout doux au toucher. Je les ai fait mettre exprès pour lui. On a commencé à sortir ensemble après qu'il m'a refait les seins. Un mois après l'opération, je suis revenue le voir pour un check-up de routine. Il examinait ma poitrine de façon tout à fait professionnelle quand, soudain, il s'est passé un truc. Avant même que je m'en rende compte, Lolo avait grimpé sur la table d'examen. Et il m'a fait l'amour comme un fou.

Ça doit être très gratifiant pour lui de pouvoir faire l'amour à la créature qu'il a façonnée. Et puis, entre nous, pour moi aussi, ça n'est pas trop désagréable. Deux fois de suite, pendant qu'on baisait, il a découvert des zones à rectifier, en explorant mon corps avec ses doigts et sa langue.

FEMME 2
LOLO

C'est bien que tu n'aies que trente-cinq ans, ma poulette. Ça va pouvoir tenir encore un bon bout de temps

FEMME 1
TIFFANY

Il m'a demandé de l'épouser après avoir refait mes lèvres. Ma petite bouche à la Betty Boop… Grâce à elle, il me trouve irrésistible.

Ça fait deux ans qu'on est mariés. Il y a des gens qui exploitent une librairie, un restaurant. Nous, nous exploitons « mon corps ». C'est notre petite entreprise à nous. Ça nous fait marrer, Lolo et moi, mais blague à part, c'est fou ce que ça peut nous rapporter. J'ai gagné plein de concours de beauté importants et j'ai fait des tas de photos pour des magazines ou des boîtes de pub.

Lolo est un mari dévoué, attentif. Il est tellement mimi avec moi, surtout quand je me réveille d'une opération. Il sait combien ça me fait peur. Surtout depuis mon incident cardiaque. Au cours de ma deuxième mammoplastie, mon cœur a cessé de battre. Et là, mon Lolo m'a fait tellement de peine. Il venait de terminer un nouveau chef-d'œuvre, mes seins étaient plus sublimes que jamais et il risquait de tout gâcher en comprimant ma cage thoracique. Pauvre Lolo. Heureusement qu'il a eu la présence d'esprit d'attendre que ça reparte tout seul.

Parfois, je me fais du souci : je me demande ce qui se passera entre nous quand Lolo n'aura plus rien à refaire. Ou quand il estimera qu'il a mis un point final à son œuvre et qu'il voudra passer à autre chose. Du coup, j'ai décidé de continuer à me gaver de sucreries. En douce, évidemment.

EVE
ENTRÉE 8

J'aime pas les glaces, j'aime pas les glucides, j'aime pas le lait, j'aime pas les yaourts, j'aime pas le fromage, j'aime pas le gras, j'aime pas mon père.

Pendant des années, mon père a dirigé une usine de crèmes glacées. Ça vous épate, non ? Mister Gelato... Le produit dont il était le plus fier c'était les glaces aux parfums naturels, comme celle à la vraie vanille de Madagascar. Dès notre plus jeune âge, il nous avait appris à faire la différence entre un sorbet de chez Berthillon, la crème de la crème, et un bâton Miko, bon pour les ploucs. Même pas en rêve, on avait le droit d'y mettre la langue.

Résultat, je ne pensais qu'à ça : me taper en cachette un bon petit esquimau bien écœurant, bien chimique. Je me le payais après l'école. Chaque fois que j'avais un peu de blé, je courais en acheter un, jusqu'au jour où après avoir croqué dans la couche de chocolat j'ai vu que la glace était verdâtre en dessous, d'une couleur très inquiétante. J'étais sûre que j'allais mourir empoisonnée. Quand mon père apprendrait la cause de mon décès, il saurait que je lui avais menti, que je l'avais honteusement trahi.

J'adorais mon père. Je voulais absolument

plaire à mon père. J'étais possédée par mon père. J'étais envahie par mon père. Puis mon père a commencé à me battre. Je me suis éloignée de mon propre corps pour lui échapper. Je suis devenue une mauvaise fille. Très mauvaise. J'écoutais plus personne. Je répondais mal. Je volais des lunettes de soleil, des boucles d'oreilles, du gloss qui sentait la framboise. Je les distribuais à la récré, pour acheter ma popularité. Ça ne marchait pas. J'étais salement provocante avec une tendance poussée à l'exhibitionnisme. Je passais mon temps à me déshabiller devant tout le monde. J'ai sniffé de l'héro la veille de mon bac.

Aujourd'hui encore, je ne suis toujours pas devenue une adulte comme il faut. Je parle la bouche pleine, je mange comme une cochonne. Je m'assois sur les sièges des toilettes publiques sans utiliser la protection de papier, je ne garde pas mon slip quand j'essaie un maillot de bain. J'en ai ma claque des coincés qui critiquent tout.

Je suis beaucoup trop en colère pour être

une fille bien. Je suis une teigne et je continuerai à l'être. Je revendique mon sale caractère, je m'en glorifie. Je le porte comme un drapeau.

DANA

Vingt ans, artiste corporelle

(La Femme 1 joue Dana, la Femme 2 joue sa petite amie.)

FEMME 2
DANA

Tu sais, Eve, c'est pas rien d'avoir du métal dans sa chair. Ça se voit comme le nez au milieu de la figure. Tout le monde a remarqué les piercings dans mes nibars. Tu veux les voir, Eve ? Ça pourrait te donner des idées… Juste pour savoir si t'as envie d'en avoir, toi aussi. J'adore porter un t-shirt bien moulant comme celui-là. *(Elle se touche les seins à travers le tee-shirt.)* Ça émoustille les gens, ils se disent : « Hé, y'a quoi là dessous ? » Au boulot, quand je dois jouer les filles sérieuses, je suis la seule à être au courant. C'est excitant, tu peux pas imaginer. Mes nibars sont bien planqués, ils murmurent : « Je ne suis pas la fille bien que vous croyez. »

Je vais peut-être commencer par te mettre un simple clou en argent sur le nombril. Ou plutôt non. Une pierre semi-précieuse. C'est vachement sexy pour une femme de ton âge. Regarde ça. Tu vas revenir me voir. Tu vas vouloir des piercings partout. Tu vas devenir accro. Y'a des gens que ça dégoûte de regarder mes tétons. D'autres que ça impressionne. Y'en a plein que ça excite. J'adore les réactions des gens, même quand ça leur plaît pas. Allez, fais pas ta timide. Tu veux vraiment pas regarder ?

FEMME 1
LA PETITE AMIE DE DANA

Si t'es trop féminine, t'es pas une vraie gouine. Une fois que t'as décidé d'être une lesbienne, tu dois le rester jusqu'au bout, jurer que tu le seras toujours. Tu peux pas faire la girouette. Les gouines peuvent pas te faire confiance si elles sentent que tu tiendras pas la route.

DANA

Après le piercing, mes nibars sont devenus plus sensibles. Dès que je tripote l'acier, mes tétons se redressent. Allez viens, on va réveiller ton ventre, on va lui donner une deuxième vie.

C'est une grosse lesbienne barbue et poilue qui m'a percé les seins. L'ambiance était trop chaude. Je voyais bien qu'elle prenait son pied en me dominant, en me faisant mal. C'était sexy à mort. Je me suis laissé faire. Alors, t'es prête ou pas ?

Ne t'inquiète pas, ça ne te fera pas mal. Tes sens vont être super-aiguisés, c'est tout. Le plus excitant, c'est maintenant. Les préliminaires. Je sens ton cœur battre. Laisse-toi aller, oui, c'est ça, abandonne-toi.

Grâce à mes piercings, j'ai enfin pu développer différentes perceptions de moi-même, je me sens femme mais je me sens aussi lesbienne. Par-dessus tout, je me sens libre. Plus personne me fera chier pour me dire qui je suis, ni ce que je dois être.

Écoute-moi : quand les gens verront ton piercing au nombril, ça va les dégoûter ou bien les exciter, peu importe. Mais je te promets que, désormais, ils prendront ton ventre au sérieux.

EVE
ENTRÉE 9

Bon, moi, je me tire.

Je suis trop vieille pour envoyer bouler tout le monde.

Et j'ai pas du tout envie qu'on prenne mon ventre au sérieux.

Je veux juste trouver la bonne personne pour le faire disparaître.

J'ai entendu parler d'un Institut de rajeunissement au laser. Je vois déjà ma graisse en train de rissoler sous les rayons pulsés. Il n'y a qu'à Hollywood qu'on peut inventer ça. Chéri, je me sens rajeunir.

EVE
ENTRÉE 10

Si l'Amérique est le réacteur nucléaire qui irradie la femme parfaite, Hollywood est le noyau dur du système. J'ai cherché l'adresse de cet Institut de rajeunissement sur mon GPS. Et je me retrouve par erreur à la Clinique de rajeunissement du Vagin. Dans le groupe de soutien « Aimer sa vulve ». C'est infernal. Malgré tous mes efforts, impossible d'échapper aux vagins.

J'ai joué *Les Monologues du vagin* six années de suite. J'ai prononcé le mot vagin, vagin, vagin, vagin, vagin, au moins un million de fois. J'ai cru que j'étais quitte avec ça. J'avais même réussi à aimer mon vagin, jusqu'au jour où je me suis rendu compte que ma haine de soi n'avait fait que se déplacer dans mon corps, de mon vagin jusqu'à mon ventre.

À la Clinique de rajeunissement du Vagin, les femmes viennent du monde entier se faire rétrécir le vagin et opérer leurs grandes et leurs petites lèvres pour qu'elles aient l'air comme neuves. C'est un business qui marche du feu de Dieu.

Quand j'ai rencontré Carole, elle en était à sa troisième semaine dans son groupe de soutien « Aimer sa vulve ».

CAROLE

Une quadra juive d'Afrique du Nord

(La Femme 1 et la Femme 2 sont assises en cercle dans le groupe de soutien « Aimer sa vulve ».)

FEMME 1
CAROLE

Pour être tout à fait honnête, le sexe ça a jamais été une partie de plaisir. Henri, oui, Henri, c'est mon mari. On n'a pas le même âge. Il a vingt ans. Enfin, vingt ans de plus que moi. Qu'est-ce que j'ai pu m'activer… Et vas-y que je te triture, et vas-y que je te caresse, avec ma main, avec ma bouche, des heures et des heures pour le, enfin le, bref pour le faire bander, quoi. Mais rien à faire : j'ai eu beau m'échiner à le machiner, c'était pas gagné.

Non, tout ça c'était mou, mais mou… Un peu comme la viande hachée des boulettes, dans le couscous. C'était épuisant. Vraiment. C'était exactement comme bouffer du homard. Tu vois le truc, c'est un tel pataquès pour ouvrir la carapace, la pince, tout ça, qu'après t'es forcément déçue par le tout petit petit bout de chair que tu trouves à l'intérieur. Franchement, tu te donnes un mal de chien pour manger quoi à l'arrivée ? Moi je meurs toujours de faim après le homard. Je me rattrape sur la mayonnaise.

Avec Henri, c'était plus facile au début. Pas si facile, en fait, mais bon. Au moins, il avait réussi à se motiver suffisamment pour fabriquer les enfants, si tu vois ce que je veux dire. Le truc, c'est que c'était même pas évident pour moi non plus. Je suis plus très élastique. J'ai quarante ans. Enfin quarante et des bricoles. Depuis que j'ai eu les enfants, les pauvres chéris, c'était plus tout à fait ça. C'était un peu lâche, quoi, et Henri, le pauvre, il avait du mal à trouver une prise. Bon d'accord, il a jamais eu l'engin de Rocco Siffredi... Mais quand même.

J'ai lu un article dans *ELLE* sur la chirurgie vaginale. Je me suis dit, Carole, ma fille, il existe un laser qui peut rajeunir ton vagin, le rétrécir et tout. Profite, ma fille, vas-y. J'y suis allée. La clinique est dans le XVIe arrondissement, juste à côté de chez moi. Enfin, presque à côté, on habite à un quart d'heure à peine.

C'est vraiment une belle clinique, j'te jure. Propre et tout, avec du marbre partout. C'est vrai que le marbre ça fait un peu froid, j'aurais préféré un endroit plus cosy, plus chaud, plus cachemire, quoi. En même temps, c'est pas un magasin de *schmattes*. C'est une clinique chirurgicale. Le marbre, ça fait riche. Ça sécurise. Ça veut dire que le chirurgien a réussi, que sa clinique marche bien.

C'est vrai qu'il est adorable, vraiment gentil avec les patients. Il a passé un temps fou avec moi, ce docteur Etroy. C'est dingue, tu trouves pas ? Le type qui rétrécit les vagins, il s'appelle

Etroy. Sur la tête de mes enfants, il s'appelle comme ça. Il m'a montré un vagin en plastique pour m'expliquer le pourquoi et le comment. Docteur, j'ai dit, d'où j'ai besoin de connaître les détails ? Vous allez m'anesthésier et je vais me réveiller dans les vapes. Mais plus étroite, si Dieu veut. C'est tout ce que j'ai besoin de savoir. Je vais pas prévenir Henri, le pauvre. C'est une surprise pour son anniversaire. Je lui ai dit que j'allais voir ma mère, à Cannes.

J'y suis allée mais après l'opération avec Audrey, ma belle-sœur. C'est elle qui m'a accompagnée à la clinique. Elle est spéciale, Audrey. Elle m'a demandé : « Carole, tu imagines si cet Etroy te fermait le bidule par accident avec son laser ? » Dieu m'en préserve… J'ai compris qu'elle était jalouse, la pauvre, elle doit pas faire souvent la chose avec mon frère, l'expert-comptable. Il pense qu'à ses chiffres et à ses statistiques. À mon avis, Audrey elle a le même problème que moi, mais elle s'arracherait les habits plutôt que de l'avouer.

Je sais pas pourquoi, je me suis même pas sentie angoissée. Pourtant, y'avait de quoi, j'te jure. J'ai juste pensé à avant, à tout ce boulot pour durcir Henri et comment ça serait plus facile après... Et même, mais là tu vas me prendre pour une folle, je me suis surprise à réfléchir à mes envies, comment on pourrait améliorer tout ça, pour que ça commence enfin à me plaire, à moi aussi.

Je m'imaginais bien mignonnette, bien proprette comme une jeune fiancée, avant le mariage. On allait tout recommencer de zéro, Henri et moi, se redécouvrir et tout et tout.

Bref. Je te passe les détails. Six semaines après l'opération je marchais, je faisais pipi. Mais pour le reste : zéro pointé. J'inventais les excuses les plus nulles pour pas le faire, j'ai la migraine, faut que je prépare le dîner, les enfants sont réveillés, ma mère est morte. Ça m'angoissait, je te dis pas. C'était tout fermé en bas et, même moi, je trouvais pas le trou. Alors si moi j'y arrivais pas, comment Henri, il l'aurait trouvé tout seul, le pauvre ? C'est pas Christophe Colomb, non plus.

Bon, j'ai décidé de le mettre au courant. J'ai balancé l'affaire le dimanche suivant, juste après le déjeuner avec mes beaux-parents. Ça l'a tout retourné. Et moi ça m'a sciée. Je veux dire, il en croyait pas ses oreilles, pauvre chéri. Que j'avais fait tout ça pour lui, pour le rendre plus heureux, pour que ça l'excite et tout. La dernière fois que je l'avais vu dans cet état, c'était à la bar-mitsva de notre fils David.

Quand on est rentrés à la maison, y'avait un truc de changé en lui. Il semblait plus jeune, plus, j'sais pas comment te dire, plus motivé quoi. Il a arraché mes vêtements, mon pull en cachemire que j'ai payé une fortune et tout, mon brushing était tout en l'air. J'avais jamais vu Henri aussi déchaîné. Je l'ai même pas touché, ni des lèvres ni des dents. *(Elle fait un mouvement de la bouche.)* Même pas avec la main. En trente secondes, il y était. Droit au but. C'était plus Henri, c'était Superman, avec une Super B... Bon, vous voyez... Il était dur comme il fallait. Et moi *(Elle murmure)*, j'étais étroite comme un tuyau de douche. J'avais un minou de bébé. Tu veux la vérité ? Ça a été très… très… douloureux. Horrible. Mais je touche du bois : si Dieu veut, ça va être de mieux en mieux. Un de ces jours, la douleur va même devenir supportable.

Bon, le petit problème, c'est que je suis morte. De fatigue. À cause d'Henri : il a tout le temps envie, le pauvre, il est tout le temps prêt, on dirait un affamé qui flaire le couscous le vendredi soir, en rentrant de la synagogue. Il lui suffit de penser à mon petit bidule tout mince et hop, c'est reparti. Je lui dis : Henri, Henri. Henri chéri, ça fait trois fois aujourd'hui, ça suffit, laisse pour demain, mais il n'écoute pas. Parfois je me demande pourquoi j'ai pas fermé la boutique une bonne fois pour toutes. C'est comme si je lui avais offert un nouveau gadget, un téléphone portable qui fait aussi sex-toy. Ça me donne envie de me mettre aux abonnés absents.

Quand il va commencer à en avoir marre,

j'espère qu'il deviendra moins brutal, plus raffiné avec mon loukoum. Là, on dirait un ado qui découvre le sexe. Dans quelques mois, tu vas voir, il commencera à se maîtriser. Et là, il pourra s'occuper un peu de moi. Si Dieu veut.

EVE
ENTRÉE 11

Quand mon homme me caresse le ventre, j'ai envie de vomir. Quand il me dit « j'adore ton petit bidon », je trouve ça obscène. La semaine dernière, on était au lit, et voilà-t-il pas qu'il se met à m'expliquer sa théorie sur mon ventre. Il me dit : « C'est une petite colline derrière laquelle se cache la vallée des mystères. » Il me dit : « Ton petit bidon tout rond est ce qu'il y a de plus sexy, de plus féminin en toi. » Il me dit encore : « Sans lui, j'aurais l'impression de baiser un tas d'os. »

Pendant qu'il me parle ainsi, vous savez à quoi je pense ? Je me demande ce qui peut bien lui plaire en moi. Je me demande pourquoi il n'est pas plus exigeant que ça. Qu'est-ce qui ne tourne pas rond chez ce mec ?

EVE
ENTRÉE 12
(La Femme 1 lance à nouveau le ballon.)
Je déteste ce ballon. Il me rend dure. La dureté nous empêche de nous émouvoir, de nous rapprocher des autres. Plus je me durcis, plus mon homme devient tendre. On nage en pleine confusion des genres.

Je meurs de faim. Je vous ai dit que je n'avais même plus droit aux crackers ? Paraît que ça ne convient pas à mon groupe sanguin. Le régime tendance, en ce moment, c'est le régime chou frisé. Vous pouvez m'expliquer ce que c'est qu'un chou frisé ? Ça pousse où d'abord ? Où y a-t-il un champ de choux frisés, j'aimerais bien le savoir

J'ai juste envie de me choper une bonne gastro. Je prie tous les jours pour en attraper une mais ça ne marche pas.

Je suis allée à Rome, au Congrès mondial des femmes, pour une conférence sur la guerre et les droits des femmes. Les trois premiers jours, j'ai rien mangé, je me suis nourrie d'expressos. Je me sentais aérienne mais tellement speed que j'arrêtais pas de parler. J'ai essayé d'écrire un texte définitif sur le paradigme patriarcal de l'invasion, de l'occupation et de la domination. Mais je ne pensais qu'aux spaghettis à la sauce tomate et au basilic. Avec une montagne de parmesan. Ça devenait tellement obsessionnel que je me suis autorisée à les goûter. J'en ai englouti trois assiettes d'affilée. Les attaques préventives ne m'intéressaient plus. Il n'y avait que la destruction massive de mon ventre qui me branchait. Je me suis donc trouvé un club de gym.

(La Femme 1 et la Femme 2 s'entraînent dans le club de gym. La Femme 1 qui jouait Benoît l'entraîneur joue le même personnage dans cette scène.)

En Italie, les gens sont cool, relax sur leur apparence physique. Ils n'essayent même pas de maigrir, ils sont minces naturellement.

Mon amie Nina a cinquante ans, mais elle en fait à peine vingt-huit. Elle est foutue comme une déesse. Elle a un succès d'enfer sans lever le petit doigt pour ça. *(Elle commence les abdos.)* Pendant que je m'escrime sur mes appareils de musculation et que j'avale mes expressos à la chaîne, Nina se tape une triple glace chocolat, fraise, noisette avec double portion de chantilly.

NINA

Une belle Italienne

(La Femme 1 joue Nina.)

FEMME 1
NINA
Basta, Eve, Basta. Tu veux nous faire un infarctus ou quoi ? Je ne savais pas que tu étais américaine à ce point. Laisse tomber ce ballon, tu es ridicule.

EVE
Tout le monde n'a pas ta chance, Nina. Comment tu fais pour avoir un corps aussi parfait ?

FEMME 1
NINA

Bella, bellissima. Méfie-toi des apparences. Tu veux connaître mon histoire ? Tu veux vraiment savoir ? Bon, alors je vais te la raconter. T'as une cigarette ? Viens avec moi, on va polluer ce club de gym.

(Elle allume une cigarette.)

J'étais une petite fille très maigre. Plate comme une planche à pain, lisse, gracieuse, tout glissait sur moi. Et j'étais rapide. Plus rapide que tous les garçons que je connaissais. J'étais la plus rapide. J'étais la reine.

Ce truc horrible m'est arrivé par surprise… Je m'en souviens comme si c'était hier. Je me préparais à plonger dans la rivière. L'eau était trop cool. J'ai baissé les yeux et plouf. Y'avait deux bosses qui apparaissaient, là, sur ma poitrine. J'ai essayé de les faire disparaître en frottant tant que j'ai pu. À chaque millimètre de sein qui pointait, c'était ma liberté qui disparaissait, toute ma vie foutue en l'air. Je détestais les filles. Elles étaient trop nulles. Elles savaient pas escalader les rochers. Elles vivaient pas dans la nature. Elles exploraient pas les cimetières. Mes seins ont poussé d'un seul coup. J'ai pas eu le temps de dire ouf que mon tee-shirt a explosé.

Et même ma mère, ma mère qui ne remarquait jamais rien, s'en est aperçue. Elle m'a acheté un soutif. J'ai tout détesté : le soutif, ma mère qui vérifiait si je l'avais bien mis et qui le serrait jusqu'à ce que je puisse plus respirer. Mais le pire, c'était cette façon qu'avaient les gens de me mater. Plus personne me regardait droit dans les yeux. On voyait plus que ces deux gros machins plantés sur mon torse, qui attiraient l'œil comme deux grosses boules de Noël qui clignotent sur le sapin. Je pouvais plus courir aussi vite. Je pouvais plus escalader les rochers. J'étais plus un pote. J'étais une fille, et malheureuse à en chialer. Ma vie était fichue.

C'est à peu près à ce moment-là que Carlo est arrivé. Carlo, c'était l'amant de ma mère. Il était sublime, vraiment sexy, riche, intelligent. Il était fabuleux, complètement déjanté et tellement marrant.

Ma mère ne plaisantait pas sur les horaires. Carlo m'aidait à ouvrir les barreaux de ma prison. La première fois que je l'ai rencontré, il nous avait invitées sur son bateau. J'ai eu envie de nager. Ma mère a gueulé : « Pas question, Nina. Tu n'as pas pris ton maillot. » C'est vrai que je ne me mettais plus jamais en maillot à cause de mes seins. Carlo m'a soulevée et m'a jetée à l'eau tout habillée. C'était super. Avec lui, la vie est devenue une aventure. Il m'a tout appris. À écouter du jazz. À être branchée sur les modes et les nouvelles tendances. Il m'emmenait partout, on allait voir des expos et des films complètement underground. Mais le plus important de tout, c'est que Carlo me comprenait. Il me trouvait brillante et drôle.

J'avais quatorze ans quand ma mère a accouché de mon frère, Franco. Je me souviens du soir où elle est partie à la maternité. Carlo était pourtant le père de Franco mais il a préféré rester avec moi, à la maison. On a passé la soirée à lire nos poèmes préférés et on s'est commandé des pizzas. Après, je ne sais plus comment c'est arrivé mais on s'est fait des petits bisous tendres. Il est allé un peu plus loin. J'étais tétanisée de peur et de plaisir. Personne avant lui ne m'avait touchée. J'étais incapable de dire « non ». Il m'a tout appris : à sentir mon corps, à mouiller de désir. Il m'a léchée des heures entières. Cette nuit-là, j'ai découvert que mes seins pouvaient me donner du plaisir, quand il les caressait, quand il les mordillait. Quand il leur faisait mal aussi. Il disait que j'étais à lui, et je me sentais tellement fière de lui appartenir et d'être aimée par lui.

Quand maman est rentrée à la maison, elle était crevée. Elle avait subi une terrible césarienne et elle ne réussissait pas à s'en remettre. J'avais trop de peine pour elle. Peu à peu, mes seins ont commencé à se sentir coupables. Deux énormes boules pétries de culpabilité ont pesé sur ma poitrine. Mais Carlo et moi, on a quand même continué.

Maman sentait bien qu'il se passait quelque chose. Elle était tout le temps en colère contre moi. Et moi, j'étais furax contre mes seins. Tout ça, c'était leur faute. Un soir, pendant que Carlo les excitait comme à son habitude, en les torturant pour me faire jouir, je me suis vraiment sentie très mal. Et j'ai vu alors très distinctement ce que j'allais faire.

J'allais me débarrasser d'eux. Basta cosi.

Maman les avait toujours détestés aussi, ça n'a pas été trop difficile d'obtenir son accord. Pour mes seize ans, elle m'a offert un cadeau. Dix jours dans une clinique suisse. Après ça, j'ai pu revoir mes pieds. Mes seins avaient disparu. Basta. J'étais plate et mince, Eve. J'avais une énorme cicatrice. Je pouvais à nouveau être un garçon. Je n'étais plus cette bombe sexuelle que tous les mecs voulaient baiser.

J'avais cru que supprimer mes seins supprimerait mon désir pour Carlo. Rien à faire. On est repartis de plus belle.

PARTOUT

(Toutes les trois.)

EVE

Faites gaffe.

ENSEMBLE

On est partout.

EVE

On a quarante ans, cinquante ans, un peu plus.

FEMME 1

On est des infirmières, des médecins, des vendeuses, des profs.

FEMME 2

On est des bonnes sœurs, on est des serveuses.

EVE

On garde toujours le sourire.

FEMME 1

On n'a pas de rides.

FEMME 2

On a des physiques passe-partout.

ENSEMBLE

On a l'air tellement jeune.

EVE

Tellement fraîches.

ENSEMBLE

On est tellement habituées à se planquer.

FEMME 1

Moi, je suis institutrice en maternelle, vos enfants me préfèrent à vous.

FEMME 2

Ils me trouvent plus gentille et plus marrante que vous.

EVE

Moi, je bosse à Wall Street. Quand vous me coupez la parole pour me sortir vos idioties, je m'arrange pour ne pas vous montrer à quel point je vous trouve débile.

ENSEMBLE

Nos fronts, nos mentons sont infestés de poison.

EVE

Nous sommes pareilles à des serpents : humiliez-nous une fois de trop et notre armée vous déclare la guerre.

FEMME 1

On a un truc qui peut tous vous casser.

FEMME 2

Oui, vous tous, les mecs, tous ceux qui me disent de me calmer alors que je me trouve trop marrante.

EVE

On ne ment pas.

FEMME 1

On possède l'arme suprême, le bacille botulique. Le Botox.

FEMME 2

Nos corps en sont bourrés.

EVE

Un seul gramme de ce truc peut tuer des millions de gens.

FEMME 1

D'un seul regard, je raye Paris de la carte. Il va falloir repenser vos programmes de sécurité.

FEMME 2

Vous savez qui je suis ?

EVE

Je suis Hillary Clinton, celle qui a dit à Bill d'aller se faire foutre et qui est pourtant devenue Présidente.

FEMME 1

Je suis lady Diana, celle qui a épousé un musulman. Et je suis aussi Bernadette Chirac, qui n'a pas l'air comme ça mais qui a plein de trucs à dire.

FEMME 2

J'ai le même sourire que Ségolène Royal. On ne voit pas que j'écume de rage à l'intérieur contre les machos du parti.

FEMME 1

On a de quoi vous flanquer la trouille : nous sommes des millions.

FEMME 2

Nous vous servons le thé, nous vous proposons un apéritif dans l'avion. Nous vous torchons le cul. Nous faisons disparaître vos papiers compromettants.

EVE

Appelez-moi salope. Je m'en fiche. J'adore ce mot.

ENSEMBLE

Salope Salope Salope Salope.

FEMME 1

C'est notre marque de fabrique.

FEMME 2

J'ai préparé trois repas par jour pendant vingt-deux ans et aucun de vous, messieurs, n'a daigné me dire : « Merci !!!! »

FEMME 1

J'ai repassé vos putain de caleçons.

EVE

Je vous ai sucé avant chacun de vos grands discours.

FEMME 1

J'ai été bonne au lit. Je vous appelais Superman.

EVE

Pour moi, c'est plus cool aujourd'hui. J'ai l'air tellement sympa, fraîche, charmante, comme neuve. C'est facile de passer inaperçue avec le Botox. Les douaniers n'y voient que du feu.

FEMME 1

Ma dermato m'en injecte deux fois par mois. J'ai le visage tout lisse mais je suis une bombe à l'intérieur.

FEMME 2

Vous n'avez pas voulu de moi dans votre club. Pourtant, comme vous, je désirais conquérir le monde.

FEMME 1

Je voulais être géniale.

EVE

Je ne voulais pas être une fille bien.

FEMME 1

On se fait piquer, on saigne un peu, on appelle ça des Botox parties. Rien à voir avec les réunions Tupperware. On est l'immense armée des ménopausées. On ne se sent plus coupables de rien, on n'a plus de temps à perdre, on vous emmerde.

FEMME 2

On est des sœurs de sang. On est très dangereuses. On est de plus en plus nombreuses. On ne fait plus la gueule, on ne plisse plus les yeux, on n'a plus l'air en colère. On a l'air cool.

EVE
 Comme si on avait fait la sieste.

FEMME 1
 Comme si on revenait de vacances.

FEMME 2
 On est encore attirantes.

EVE
 Faites gaffe où vous mettez les pieds.

FEMME 1
 Faites gaffe à vos couilles.

EVE
 Une seule morsure et ouille.

FEMME 2
 Le Botox vous intoxe.

ENSEMBLE
 Faites gaffe à vos os.

EVE
ENTRÉE 13

Si je veux être une fille bien, je sais ce qui me reste à faire. Il faut que je devienne une psychopathe enjouée, esclavagisée par un coach nazi, lobotomisée par le Botox.

Il faut que je me débarrasse de ma graisse grâce à des canules aspirantes, que je me fasse raboter la chatte et que j'arrête définitivement de bouffer des crackers.

Si je veux être une fille bien, il faut que j'inspire et que j'expire, que je me dépense, que je me gomme, que je me rase, que je m'épile, que je me muscle, que je me fasse trouer, percer, boucler, découper, que je me fasse couvrir, rétrécir, raccourcir, que je m'allège, que je meure de faim et que je meure à la fin.

Il faut que j'inspire.
Il faut que je respire.
Il faut que je me barre.
Parce que j'en ai marre.
Je dis Niet !
Niet à la Diète !

Je suis partie en Afrique pour rencontrer Léah, une femme de soixante-quatorze ans qui se bat contre l'excision des petites filles africaines. Dans son village, où que l'on porte le regard, le ciel est d'un bleu implacable. Des zèbres traversent les pistes poussiéreuses. De temps à autre, on croise de grandes femmes massaïs, vêtues de rouge et couvertes de colliers.

Léah et moi nous sommes assises et nous avons parlé pendant des heures. Elle m'a offert de partager son déjeuner.

EVE

Désolée, je ne mange pas de pain.

FEMME 1
LÉAH

Ah bien sûr, j'avais oublié. Vous êtes une Occidentale. C'est comment chez vous ? En Afrique, on a tellement besoin de nourriture et on en a tellement peu. En Occident, vous en avez autant que vous voulez mais soit vous mangez trop, soit vous ne mangez pas du tout. Vos corps sont virtuels. Ici nous incarnons nos corps, ils nous sont utiles, ce sont eux qui travaillent.

EVE

Léah, vous aimez votre corps ?

FEMME 1
LÉAH

Bien sûr que je l'aime, c'est mon corps. C'est Dieu qui l'a fait, c'est Lui qui me l'a donné. Regardez mes doigts. J'aime mes ongles, ces petits croissants de lune. Mes doigts sont le prolongement de mes bras qui peuvent porter tant de choses. Et mes jambes. Regardez comme elles sont longues. Nous les Massaïs, nous sommes grands. Je me déplace vite, mes jambes peuvent entourer un homme et le serrer fort contre ma poitrine. Mes seins, regardez mes seins…

EVE

(Elle l'interrompt.) Léah, écoutez-moi. Je ne sais pas comment vous faites. Moi, je ne sais pas comment être bien dans mon corps, je suis obsédée par mon ventre.

FEMME 1
LÉAH

Qu'est-ce qu'il a votre ventre ?

EVE

Il est trop rond. Je l'aimais mieux avant, quand il était plat.

FEMME 1
LÉAH

C'est votre ventre. Il est fait pour qu'on le voie.

Eve, regardez cet arbre. Vous le voyez ?

Maintenant regardez cet arbre, là. *(Elle montre un autre arbre.)* Vous l'aimez ? Ou alors vous le détestez parce qu'il ne ressemble pas à l'autre ?

Diriez-vous que cet arbre est laid parce qu'il ne ressemble pas à l'autre ? Nous sommes tous des arbres. Vous êtes un arbre. Je suis un arbre. Vous devez aimer votre corps, Eve. Vous devez aimer votre arbre. Aimez votre arbre.

EVE
ENTRÉE 14

Aimer mon arbre, aimer mon arbre... Elle en a de bonnes. Aimer mon arbre... D'accord, d'accord, je suis un arbre. Mon homme est venu me rejoindre en Afrique. On a passé la nuit dans une réserve : une case, une moustiquaire, le rugissement des hyènes dans la nuit. Mmm... Ça y est, je suis un arbre. Je suis même un arbre nu qui danse. Je me sens tellement arbre, tellement…

(Les lumières s'allument. Léah observe Eve et son compagnon. La Femme 2 joue le compagnon.)

EVE

Chéri… Tu aimes mon arbre ?

FEMME 2
LE COMPAGNON

J'en aime chacune de ses petites feuilles, mon bébé.

EVE

Euh, où t'as vu les feuilles ?

FEMME 2
LE COMPAGNON

Ben oui, quoi. Des petites feuilles et un tronc bien solide.

EVE

Un tronc… solide ?

FEMME 2
LE COMPAGNON

Oui mon bébé, un tronc solide... Robuste, quoi.

EVE

Robuste ? Mais c'est pas sexy du tout ce mot, robuste... Une maison en briques est robuste, un rocher est robuste...

FEMME 2
LE COMPAGNON

Bébé, arrête. Tout ça c'est robuste. Ça me plaît, ça m'excite.

EVE

Non, moi je veux être un cyprès. Longue, fuselée.

FEMME 2
LE COMPAGNON

T"es plutôt un chêne, Eve, forte, plantureuse.

EVE

Plantureuse ? Dis tout de suite que je suis grosse.

(Les lumières éclairent Léah.)

FEMME 2
LE COMPAGNON

Pas grosse, plantureuse quoi, robuste.

EVE

Tu as dit que j'étais grosse.

FEMME 2
LE COMPAGNON

Mais on parlait d'arbres, pas de grosseur. Tu disais que tu étais un arbre.

EVE

Y'a plus d'arbre. Tu m'as sciée, abattue. Je suis un arbre mort.

FEMME 2
LE COMPAGNON

J'ai rien scié, rien abattu du tout. Y'a jamais eu d'arbre. Oh et puis, Eve, j'en ai ras-la-souche de ton ventre, de ton arbre, de ton tronc. Je me plante toujours avec toi. Le problème c'est dans ta tête, Eve, pas dans ton ventre. C'est toi que j'aime. Je me fiche de ton ventre. Je n'en peux plus.

(La Femme 2 sort de scène.)

EVE
ENTRÉE 14

Il s'en va demain. Je suis devenue obsessionnelle. Je ne peux pas rentrer chez moi. Je me sens si seule.

EVE
ENTRÉE 15

Je suis partie en Inde pour travailler, mais j'ai eu beau essayer, je n'y suis pas arrivée ; je n'avais pas envie de sortir, je me suis sentie paumée.

L'Inde m'a collé à la peau. Les mendiants, les infirmes aux membres tronqués, les saris de soie pourpre qui volent sur la plage au soleil couchant, les vaches sacrées couchées avec flegme sur les routes aux heures de pointe, cette explosion de couleurs, le safran, le fuchsia, les femmes qui filent la laine, les morts exposés à la lumière du jour, les cendres flottant dans le fleuve, les bindis et le henné, le curry et le lassi, les oiseaux tropicaux, les pluies diluviennes de la mousson.

J'ai senti un nœud se défaire. J'ai senti une boule d'angoisse fondre lentement. Mon cœur, mon ventre, mon chagrin. Le besoin de ma mère. La trahison de mon père. Le désir que j'ai de mon homme. Mon vide intérieur. Cette hystérie qui m'oblige à me dépasser. Le besoin d'aller plus loin. Je suis tombée, tombée, tombée. J'ai paniqué. Je me suis goinfrée de nans, ces délicieuses galettes chaudes et légères. Les nans m'ont consolée. Je ne sais pas dire non aux nans. Je me suis remplie à ras bord de nans jusqu'à devenir un tonneau. Un tonneau de nans qui pèse une tonne. Je me suis planquée sous les nans tellement j'ai peur de tout. Il a fallu que je retourne faire de la gym. Je suis cinglée : même en Inde j'ai cherché un club de gym. *(Le ballon arrive sur Eve qui le renvoie d'un coup de pied.)*

Encore ce tapis de course. Pendant quatre jours je me suis entraînée comme une démente. J'ai marché jusqu'à épuisement de mes forces pour me détruire.

Autour de moi des Indiennes en saris et en Nike me regardaient d'un sale œil.

PRIYA

Une Indienne quinquagénaire

(La Femme 2 joue Priya, la Femme 1 joue Kavita.)

FEMME 2
PRIYA

Heu, pardon de vous importuner, chère madame, mais ce tapis de course est *aussi* le nôtre. Vous l'utilisez toute seule depuis quatre jours alors que vous devriez le partager avec nous. Entre nous, tous ces efforts... ça n'a pas tellement l'air de vous réussir. Vous devriez laisser cette jeune fille utiliser ce tapis. Merci beaucoup, merci pour elle. Moi, c'est Jahdi. Oui, c'est comme ça que Neeru, ma meilleure copine, me surnomme. Jahdi, ça veut dire bouboule. C'est Neeru qui m'a emmenée ici, au club de gym du Soleil levant. Ça fait dix ans que je viens mais bon, je suis toujours aussi… *jadhi*. Sauf que maintenant je suis une *jadhi* en superforme. C'est Neeru qui m'a parlé de cet ignoble tapis de course. Au début j'ai cru que c'était un petit tapis pour faire des galipettes. Elle s'est marrée. « Mais non, Jahdi, tu vas voir, tu vas t'éclater dessus, il va t'emmener dans ses endroits incroyables. » Elle avait raison. Ce tapis m'a transformé la vie. Je branche mon iPod avant de me mettre à courir, oui, le son du sitar n'est pas exactement ce qu'il faut pour le rythme. Je suis une fan de Prince. OK Kavita, c'est bon. T'as pas besoin d'être aussi agressive. Vous savez, ce tapis déclenche de ces trucs.

Vous avez vu ? Kavita ne veut plus en descendre. Elle est accro comme vous, elle peut passer des heures dessus. Mais il y avait une bande de *jadhis* très énervées qui attendaient leur tour. Finalement, une de ces *jadhis* tellement énorme qu'elle ne peut même pas voir ses doigts de pieds est montée sur le tapis avec Kavita et elle a commencé à marcher.

« Je vais marcher avec toi jusqu'au Taj Mahal », elle a dit. Elles étaient agrippées l'une à l'autre, aucune des deux ne voulait lâcher prise. La tapismania, c'est quelque chose…

Kavita est incontrôlable. Un vrai sac d'os, cette fille. Elle est comme ça depuis que Miss Inde est devenue Miss Monde puis Miss Univers. Maintenant toutes les jeunes filles, ici, veulent devenir la Miss Inde la plus rachitique de l'univers. Il paraît que quand Miss Inde a remporté le titre de Miss Monde, elle mourait de faim. Elle en avait ras le bol du régime grain de riz. Le business des concours de beauté fait de plus en plus de ravages chez les jeunes filles : elles ont toutes l'air de tuberculeuses en phase terminale.

De mon temps, personne n'aurait épousé un sac d'os. Les filles maigres venaient de familles pauvres, qui crevaient de faim. Eve, regarde-moi. Sans toute ma graisse *jadhi*, comment tiendrait mon sari ? Lis le Kama Sutra. Les femmes indiennes ont des formes, elles sont voluptueuses. Moi je me trouve très belle. J'aime mes joues *(elle se pince la joue)* et mes fossettes.

Kumar, mon mari, dit de mes fossettes qu'elles sont les parures de mon sourire. Elles le font craquer. Il adore me pincer les joues. Kumar était inquiet quand je lui ai dit que j'allais m'inscrire au club de gym. Il m'a dit : « Priya, ma chérie, ton *jadhi* est mon pays. J'en connais les collines, les vallons. Si tu perds ton *jadhi*, je me sentirai en exil. »

T'inquiète pas mon Kumar, t'inquiète pas.

Un corps parfait ?

Ça n'existe pas, Eve. Le bonheur n'est pas dans la perfection. Ce qui motive, ce sont les efforts pour l'atteindre. Si on devient parfait, on est mort. Non, attends, je retire mes paroles. Je suis parfaite. Parfaitement *jadhi*.

EVE
ENTRÉE 16

Le lendemain de cette rencontre mes prières ont enfin été exaucées. J'ai eu une gastro. J'étais vraiment malade. J'aurais dû me réjouir, mon ventre allait dégonfler. Mais j'ai eu trop mal. Couchée dans l'obscurité, j'ai transpiré, j'ai déliré.

J'ai déjà éprouvé ce genre de douleur.

Priya, ma nouvelle amie, m'a ramenée chez elle.

FEMME 2
PRIYA

Baba, où as-tu mal ? *(Eve désigne son ventre.)* Ici, c'est courant. D'ailleurs, on appelle ça la courante. Ça te brûle ?

EVE
Oui.

FEMME 2
PRIYA
Tu as des crampes ?

EVE
Oui, je veux que ça s'arrête.

FEMME 2
PRIYA
T'inquiète pas, baba, ça dure jamais plus d'une semaine. Tu veux des médicaments ?

EVE
Pas la peine, toute ma vie j'ai eu mal.

FEMME 2
PRIYA
Kumar, tu peux nous apporter du thé ?
Je peux toucher ?

EVE

Je ne sais pas.

FEMME 2
PRIYA

Pourquoi ? Qu'est-ce qui te fait peur ?

EVE

J'ai peur que tu me touches.

FEMME 2
PRIYA

Il ne va rien se passer si je te touche. Si ?

EVE

Je ne sais pas. Je vais peut-être fondre et disparaître.

FEMME 2
PRIYA

Et ton ventre ?

EVE

Il continuera sa vie sans moi.

FEMME 2
PRIYA

Mais c'est qu'il est très résistant ton ventre !
Allez baba, laisse-moi poser mes mains dessus.

EVE

D'accord. Vas-y.
(Priya dénoue son sari et pose ses mains sur le ventre d'Eve.)

FEMME 2
PRIYA

Le ventre c'est ce qui nous relie à nos mères. Le fameux cordon ombilical.

EVE

Moi je veux être autonome.

Priya me prend dans ses bras,
Elle sent bon le jasmin et le santal.

FEMME 2
PRIYA

Eve, tu as un peu voyagé en Inde ?

EVE

Juste le club de gym.

FEMME 2
PRIYA

Le club de gym, ce n'est pas l'Inde, Eve. Ça n'a rien d'indien. Tu es braquée sur un seul petit pays, Eve, un minuscule pays, ton corps, peuplé d'un unique habitant : toi. Tu t'obsèdes à vouloir le rendre plus beau, plus jeune.

Pendant ce temps, tu passes à côté du reste du monde.

Lève les yeux, Eve. Regarde autour de toi. *(Pause.)* Tu es là… *Namaste* Eve, bienvenue. Bienvenue.

EVE
ENTRÉE 17

Quelques mois plus tard, me voilà en Afghanistan pour interviewer des femmes qui ont survécu par miracle à la dictature des talibans. Elles n'ont plus aucun droit. Elles vivent plus bas que terre. J'ai passé des jours et des jours à écouter le témoignage de femmes qui avaient été battues, bafouées, des femmes dont le mari avait été abattu sous leurs yeux.

Est-ce parce que je m'identifie à elles ? Je ne cesse de penser à une histoire qu'on m'a racontée, celle de deux jeunes femmes qui ont été battues au sang parce qu'elles avaient mangé une glace. J'ai essayé d'imaginer en quoi manger une glace pouvait encourager la vertu et conjurer le vice. Mon père n'était sans doute pas qu'un simple fabriquant de glaces. Il devait être aussi pornographe, trafiquant d'armes ou proxénète.

J'ai dû répéter cette histoire des centaines de fois au point que Sunita, mon hôtesse, une rebelle mais dotée d'une certaine patience, m'a dit :

FEMME 1

Eve, on a une surprise pour toi. On t'emmène dans un endroit top secret. C'est là que les femmes se réunissent pour manger des glaces. Bien sûr, si on nous surprend, on risque la flagellation ou même la peine capitale. Ça dépend de l'humeur des talibans. Tu es prête ?

EVE

Mon cœur bat à tout rompre. On nous fait entrer dans ce qui a été un restaurant.
(La Femme 1 et la Femme 2 poussent Eve à l'intérieur.)

On entre dans une arrière-salle. En guise de murs, quatre draps blancs nous dissimulent aux regards. On s'assoit. Les patrons sont nerveux. On attend.

Les coupes de glace à la vanille arrivent sur la table *(3 coupes)*. Sunita relève sa burqa, l'attache avec beaucoup de précautions sur sa tête comme si c'était un voile de mariée. Elle regarde longuement sa coupe. Elle attend que je commence la première. Tandis que les talibans encerclent le souk dans leurs camions Toyota, la glace cesse d'être mon ennemie. Sunita risque sa vie pour ce petit plaisir. Elle le partage avec moi. Je mange cette glace.

Eve mange la glace.

Cette douce vanille interdite se fond dans mon corps.

Je mange cette glace pour les femmes de Kaboul, de Kandahar et de Mazar-el-Sharif.

FEMME 1

Je la mange pour Mama la rebelle, qui plongeait nue au clair de lune dans la piscine en faisant d'énormes vagues. Mama se fichait bien d'être grosse.

EVE

Je mange cette glace pour ma traductrice moscovite qui pensait que la cellulite était anticommuniste et qui adorait sa graisse cent pour cent soviétique.

FEMME 2

Je mange cette glace pour Helen Gurley Brown, la fondatrice de *Cosmopolitan*.

FEMME 1

Je la mange pour mon amie Nina et ses seins sacrifiés.

FEMME 2

Je la mange pour Nawel et sa culotte de cheval.

EVE

Je la mange pour Sunita

Dans l'arrière-salle d'un restaurant afghan
Je savoure lentement
Pour faire durer le plaisir
Pour préparer l'avenir
Je la mange pour toutes ces femmes
Je la mange pour ma mère
Je la mange pour moi,
Pour mon doux estomac
Pour mon ventre plein de grâces
Reçois cette douce humidité sucrée
Laisse-la me pénétrer
Fais que je n'aie pas honte de mes rondeurs
Fais que je ne sois pas complexée

Me priver ne me rendra pas meilleure
Me détester ne me rendra pas meilleure
Il faut que je m'accepte
Avec mes fragilités
Avec mes fêlures
Avec mes défauts

Je dois cesser de vouloir me débarrasser de ce qu'il y a de mieux en moi.

FEMME 1

Accepte tes passions.

FEMME 2

Accepte ton poids.

FEMME 1

Accepte ton âge.

FEMME 2

Accepte tes bourrelets.

EVE

Quelqu'un de bien, c'est quelqu'un qui est capable de vivre chaque moment intensément.

Qui sait que son corps est un pays unique.

FEMME 1

Une ville unique.

FEMME 2

Un village unique.

EVE

Un tout unique.

TOUTES (LES UNES APRÈS LES AUTRES)

Que nous soyons de Rome, Kaboul, San Francisco, Los Angeles, Mumbai, New York, Paris.

EVE

Notre corps raconte toutes les histoires de l'univers.

FEMME 1

Toutes les histoires de la terre.

FEMME 2

Toutes les histoires de nos mères, de nos grand-mères et de nos ancêtres.

EVE

Notre corps nous parle de toutes ces femmes qui sont venues avant nous sur la terre.

FEMME 1

Il nous parle de nous-mêmes.

FEMME 2

Notre corps est notre chez-nous.

FEMME 1

Un chez-nous où nous pouvons crier.

FEMME 2

Ou nous pouvons nous reconnaître.

EVE

Nous montrer excessives.

FEMME 1

Nous vider.

FEMME 2

Nous remplir.

EVE

Notre corps est unique.

FEMME 1

Notre corps est parfait parce qu'il est unique.

FEMME 2

Nous sommes en parfait accord avec ce corps parfait.

FEMME 1

Accord parfait.

FEMME 2

Parfait accord.

EVE

Un corps parfait.

*Achevé d'imprimer
sur Roto-Page
par l'Imprimerie Floch
à Mayenne, le 20 avril 2007.
Dépôt légal : avril 2007.
Numéro d'imprimeur : 67998.*

ISBN 978-2-207-25734-0/Imprimé en France.

137184